3.-4. Schuljahr

Petra Hartmann

Textaufgaben an Stationen

- Übersichtliche Aufgabenkarten
- Schnelle Vorbereitung
- Differenzierend & Motivierend

Lernen mit Erfolg
KOHL VERLAG
www.kohlverlag.de

Textaufgaben an Stationen

3.-4. Schuljahr

1. Auflage 2023

Inhalt & Illustrationen: Petra Hartmann
Coverbild: © dusanpetkovic1 - AdobeStock.com
Redaktion: Kohl-Verlag
Grafik & Satz: Simone Demler & Kohl-Verlag
Druck: Druckhaus Flock, Köln

Bestell-Nr. 12 866

ISBN: 978-3-98558-274-7

Bildquellen © clipart.com

Vorwort

Liebes Trainingskind,

das Lernen an Stationen ist eine Lerntechnik. Mit Hilfe von vorbereiteten Materialien, die in Stationen angeordnet sind, kannst du ein gewähltes Lernthema in einem eigenen Lerntempo selbstständig erarbeiten und erlernen. Diese Lerntechnik kannst du in der Schule nach Lehrervorgabe oder zu Hause anwenden. In diesem Arbeitsheft geht es um das Lernthema „Textaufgaben“. Diese Textaufgaben beinhalten unterschiedliche Schwierigkeitsstufen:

Grundniveau, mittleres Niveau, erweitertes Niveau

Die übersichtlichen Aufgabenkarten (Stations-Karten) sind nicht nummeriert, sodass du die Reihenfolge der einzelnen Stationen selbst auswählen kannst. Zu den einzelnen Aufgabenkarten gibt es Lösungskarten, damit du deine Aufgaben auch selbstständig überprüfen kannst. Gerne kannst du die Aufgaben- und Lösungskarten ausschneiden und mit Hilfe eines Erwachsenen laminieren, sodass auf jeder Karte vorne die Aufgabe steht und auf der Rückseite die passende Lösung.

Zu jeder Maßeinheit gibt es eine Tipp-Karte. Solltest du einmal vergessen haben, wie eine Maßeinheit umgewandelt wird, kannst du es auf der entsprechenden Tipp-Karte nachlesen. Die Tipp-Karten können natürlich auch ausgeschnitten und laminiert werden.

Damit du stets einen guten Überblick über deine bearbeiteten Aufgaben hast, ist es wichtig, dass du einen Stationen-Laufzettel führst. In diesen Stationen-Laufzettel trägst du die Stationsnummer und den Stationsnamen ein. Nach jeder erledigten Aufgabenkarte (Stations-Karte) kannst du einen Haken für „erledigt“ setzten und nachdem du die entsprechende Aufgabe kontrolliert hast, kannst du ein Haken für „kontrolliert“ setzten.

Tipp:
Du kannst alle Aufgaben als Einzel- oder Partnerarbeit bearbeiten. Bei der Partnerarbeit löst jeder eine Aufgabe alleine und ihr kontrolliert zusammen eure Ergebnisse.

Auf die Plätze fertig los …
Viel Spaß und Erfolg beim Lösen der Aufgaben.

Liebe Grüße

Petra Hartmann

Textaufgaben an Stationen für die Klassenstufen 3 - 4
Die Aufgaben wurden erstellt von
© 2023 Petra Hartmann
Lernberaterin / Lerncoach
Diplomierte Legasthenie- und Dyskalkulietrainerin®

Textaufgaben an Stationen - 3./4. Schuljahr – Bestell-Nr. 12 866
KOHL VERLAG

Inhalt

Stückzahl

Eine Malerfirma möchte ihre Regale neu mit Farbtöpfen auffüllen. Ein Mitarbeiter holt aus der Vorratskammer 35 Töpfe rote Farbe, 48 Töpfe gelbe Farbe und 63 Töpfe blaue Farbe.

Frage: Wie viele Farbtöpfe sind es insgesamt?

Rechnung:

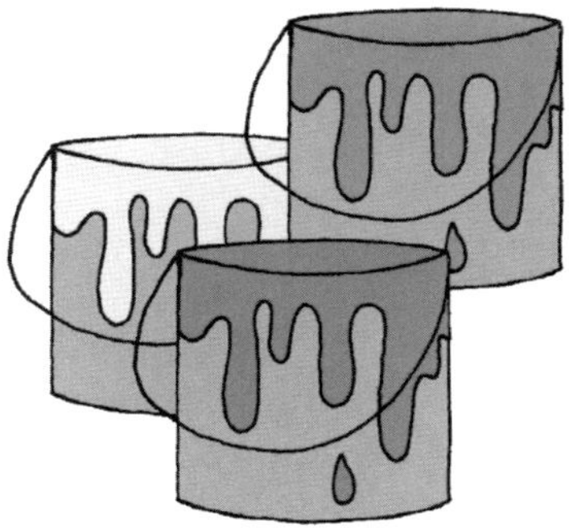

Antwort:

Stückzahl

Frau Ludwig bestellt bei einer Malerfirma 86 grüne Farbtöpfe und halb so viele weiße Farbtöpfe.

Frage: Wie viele Farbtöpfe sind es insgesamt?

Rechnung:

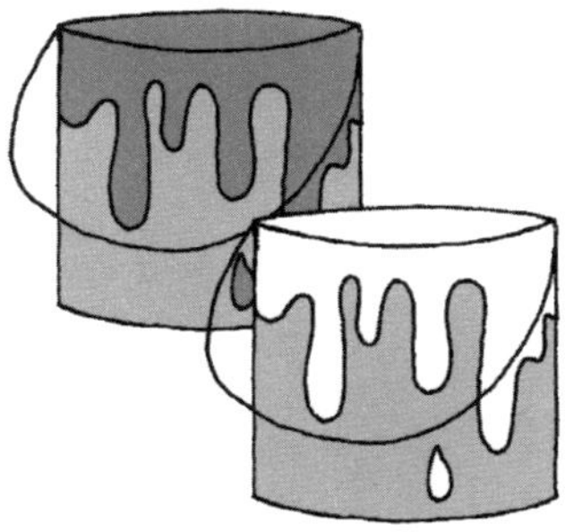

Antwort:

KOHL VERLAG Textaufgaben an Stationen - 3./4. Schuljahr – Bestell-Nr. 12 866

Lösung

Stückzahl

Eine Malerfirma möchte ihre Regale neu mit Farbtöpfen auffüllen. Ein Mitarbeiter holt aus der Vorratskammer 35 Töpfe rote Farbe, 48 Töpfe gelbe Farbe und 63 Töpfe blaue Farbe.

Frage: Wie viele Farbtöpfe sind es insgesamt?

Rechnung: 35 + 48 + 63 = 146

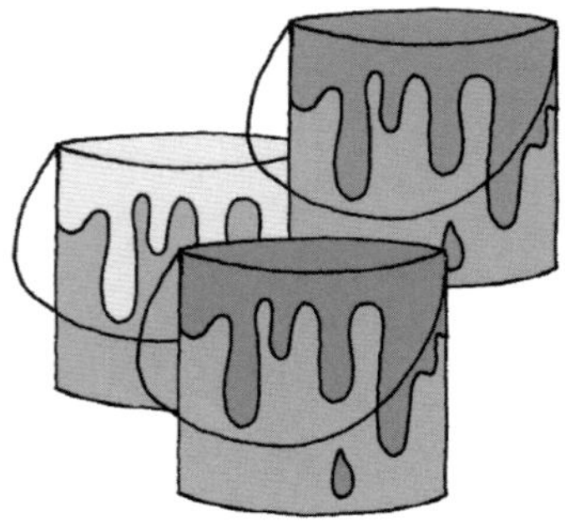

Antwort: Es sind insgesamt 146 Farbtöpfe.

Lösung

Stückzahl

Frau Ludwig bestellt bei einer Malerfirma 86 grüne Farbtöpfe und halb so viele weiße Farbtöpfe.

Frage: Wie viele Farbtöpfe sind es insgesamt?

Rechnung: 86 : 2 = 43

86 + 43 = 129

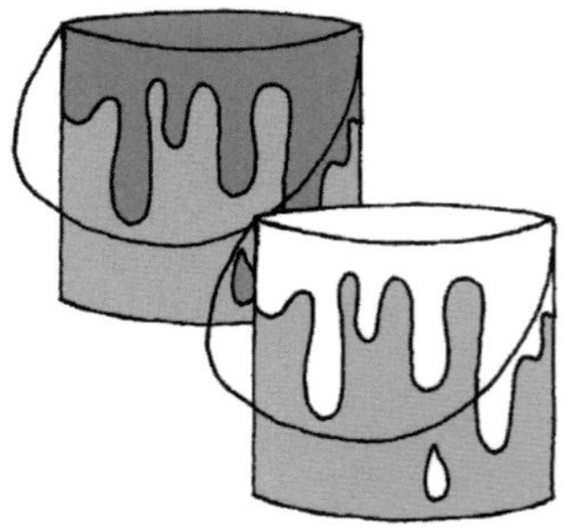

Antwort: Es sind insgesamt 129 Farbtöpfe.

Stückzahl

Der Postbote hat am Morgen 336 Briefe in seiner Tasche. Zur Mittagszeit hat er schon 182 Briefe verteilt.

Frage: Wie viele Briefe sind noch in seiner Tasche?

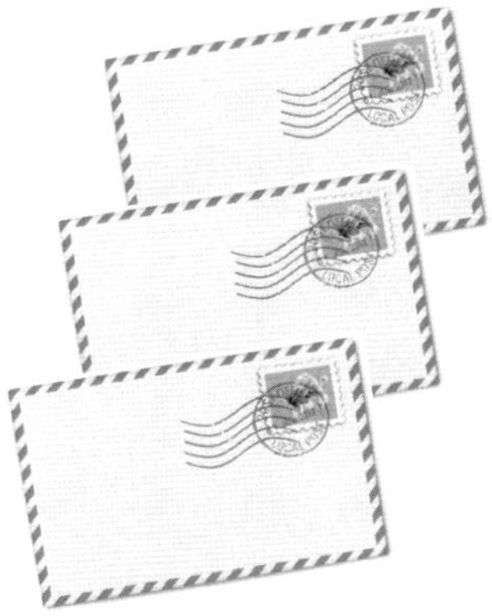

Rechnung:

Antwort:

Seitenanzahl

Tim liest ein spannendes Buch. Heute ist er auf Seite 162 angekommen. Das Buch hat insgesamt 285 Seiten.

Frage: Wie viele Seiten hat er noch zu lesen?

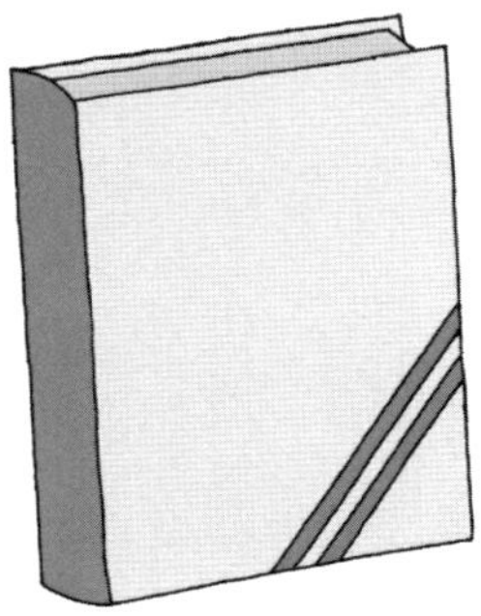

Rechnung:

Antwort:

KOHL VERLAG Textaufgaben an Stationen - 3./4. Schuljahr – Bestell-Nr. 12 866

Lösung

Stückzahl

Der Postbote hat am Morgen 336 Briefe in seiner Tasche. Zur Mittagszeit hat er schon 182 Briefe verteilt.

Frage: Wie viele Briefe sind noch in seiner Tasche?

Rechnung: 336 - 182 = 154

Antwort: Der Postbote hat noch 154 Briefe in der Tasche.

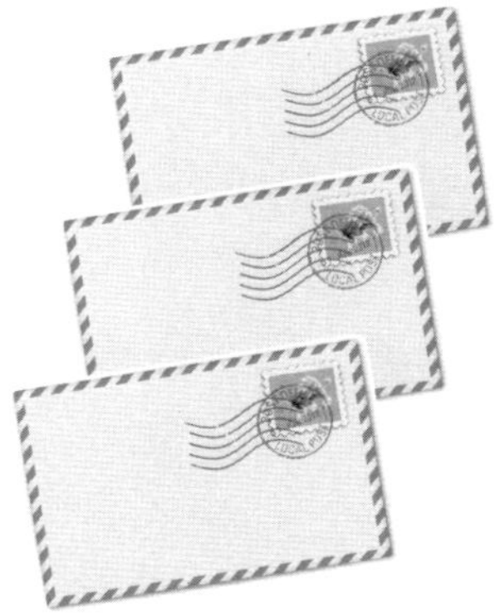

Lösung

Seitenanzahl

Tim liest ein spannendes Buch. Heute ist er auf Seite 162 angekommen. Das Buch hat insgesamt 285 Seiten.

Frage: Wie viele Seiten hat er noch zu lesen?

Rechnung: 285 - 162 = 123

Antwort: Tim hat noch 123 Seiten zu lesen.

KOHL VERLAG Textaufgaben an Stationen - 3./4. Schuljahr – Bestell-Nr. 12 866

Stückzahl

Ein Kindergarten hat für das Sommerfest von einem Gemüsehändler 2700 Äpfel geschenkt bekommen. Die Äpfel werden von 9 Gruppen an die Besucher verteilt.

Frage: Wie viele Äpfel werden von jeder Gruppe verteilt?

Rechnung:

Antwort:

Stückzahl

Ein Hersteller hat 5400 Fußbälle hergestellt. Heute werden die Bälle an 6 Sportgeschäfte ausgeliefert. Die Bälle sollen gleichmäßig verteilt werden.

Frage: Wie viele Fußbälle bekommt jedes Sportgeschäft?

Rechnung:

Antwort:

Textaufgaben an Stationen - 3./4. Schuljahr – Bestell-Nr. 12 866
KOHL VERLAG

Lösung

Stückzahl

Ein Kindergarten hat für das Sommerfest von einem Gemüsehändler 2700 Äpfel geschenkt bekommen. Die Äpfel werden von 9 Gruppen an die Besucher verteilt.

Frage: Wie viele Äpfel werden von jeder Gruppe verteilt?

Rechnung: 2700 : 9 = 300

Antwort: Jede Gruppe verteilt 300 Äpfel an die Besucher.

Lösung

Stückzahl

Ein Hersteller hat 5400 Fußbälle hergestellt. Heute werden die Bälle an 6 Sportgeschäfte ausgeliefert. Die Bälle sollen gleichmäßig verteilt werden.

Frage: Wie viele Fußbälle bekommt jedes Sportgeschäft?

Rechnung: 5400 : 6 = 900

Antwort: Jedes Sportgeschäft bekommt 900 Bälle.

KOHL VERLAG Textaufgaben an Stationen - 3./4. Schuljahr – Bestell-Nr. 12 866

Stückzahl

Ein Parkhaus hat insgesamt 1000 Parkplätze zur Verfügung. 786 Parkplätze sind bereits besetzt.

Frage: Wie viele Parkplätze sind noch frei?

Rechnung:

Antwort:

Stückzahl

In einem Hotel gibt es 60 Tische. Auf jedem Tisch soll eine Vase mit Blumen stehen. Es wurden 300 Blumen angeliefert.

Frage: Wie viele Blumen kommen in jede Vase?

Rechnung:

Antwort:

KOHL VERLAG Textaufgaben an Stationen - 3./4. Schuljahr – Bestell-Nr. 12 866

Lösung

Stückzahl

Ein Parkhaus hat insgesamt 1000 Parkplätze zur Verfügung. 786 Parkplätze sind bereits besetzt.

<u>Frage</u>: Wie viele Parkplätze sind noch frei?

<u>Rechnung</u>: 1000 − 786 = 214

<u>Antwort</u>: Es sind noch 214 Parkplätze frei.

Lösung

Stückzahl

In einem Hotel gibt es 60 Tische. Auf jedem Tisch soll eine Vase mit Blumen stehen. Es wurden 300 Blumen angeliefert.

<u>Frage</u>: Wie viele Blumen kommen in jede Vase?

<u>Rechnung</u>: 300 : 60 = 5

<u>Antwort</u>: Es kommen 5 Blumen in jede Vase.

Textaufgaben an Stationen - 3./4. Schuljahr – Bestell-Nr. 12 866
KOHL VERLAG

Stunden (h) und Minuten (min)

Herr Schmidt fährt um 13:55 Uhr ins Parkhaus und fährt um 18:30 Uhr wieder raus.

Frage: Wie viele Stunden und Minuten stand das Auto im Parkhaus?

Rechnung:

Antwort:

Stunden (h) und Minuten (min)

Frau Klein fährt mit dem Taxi um 10:20 Uhr los und ist um 11:10 Uhr in der Stadt.

Frage: Wie lange war Frau Klein mit dem Taxi unterwegs?

Rechnung:

Antwort:

Lösung

Stunden (h) und Minuten (min)

Herr Schmidt fährt um 13 : 55 Uhr ins Parkhaus und fährt um 18 : 30 Uhr wieder raus.

Frage: Wie viele Stunden und Minuten stand das Auto im Parkhaus?

Rechnung: 13:55 h → (+ 5 min) 14:00 h → (+ 4 h) 18:00 h → (+ 30 min) 18:30 h

4 h + 35 min = 4 h 35 min

Antwort: Das Auto stand 4 h und 35 min im Parkhaus.

Lösung

Stunden (h) und Minuten (min)

Frau Klein fährt mit dem Taxi um 10 : 20 Uhr los und ist um 11 : 10 Uhr in der Stadt.

Frage: Wie lange war Frau Klein mit dem Taxi unterwegs?

Rechnung: 10:20 h → (+ 40 min) 11:00 h → (+ 10 min) 11:10 h

40 min + 10 min = 50 min

Antwort: Frau Klein war mit dem Taxi 50 min unterwegs.

KOHL VERLAG Textaufgaben an Stationen - 3./4. Schuljahr – Bestell-Nr. 12 866

Stunden (h) und Minuten (min)

Ein Fachgeschäft für Modelleisenbahnen hat folgende Öffnungszeiten:

Mo & Di	10:00 h – 18:30 h
Mittwoch geschlossen!	
Do & Fr	10:00 h – 18:30 h
Samstag	10:00 h – 14:00 h
Mittagspause	14:00 h – 15:00 h

<u>Frage</u>: Wie viele Stunden und Minuten hat das Fachgeschäft in der Woche geöffnet?

<u>Rechnung</u>:

<u>Antwort</u>:

Textaufgaben an Stationen - 3./4. Schuljahr – Bestell-Nr. 12 866
KOHL VERLAG

Lösung

Stunden (h) und Minuten (min)

Ein Fachgeschäft für Modelleisenbahnen hat folgende Öffnungszeiten:

Mo & Di	10:00 h – 18:30 h
Mittwoch geschlossen!	
Do & Fr	10:00 h – 18:30 h
Samstag	10:00 h – 14:00 h
Mittagspause	14:00 h – 15:00 h

Frage: Wie viele Stunden und Minuten hat das Fachgeschäft in der Woche geöffnet?

Rechnung: 10:00 h $\xrightarrow{+\ 8\ h}$ 18:00 h $\xrightarrow{+\ 30\ min}$ 18:30 h

8 h + 30 min = 8 h 30 min - 1 h = 7 h 30 min

7 h • 4 = 28 h   30 min • 4 = 120 m = 2 h

28 h + 2 h = 30 h

10:00 h $\xrightarrow{+\ 4\ h}$ 14:00 h   30 h + 4 h = 34 h

Antwort: Das Fachgeschäft hat 34 h in der Woche geöffnet.

KOHL VERLAG Textaufgaben an Stationen - 3./4. Schuljahr - Bestell-Nr. 12 866

Euro € und Cent (ct)

Lukas kauft im Supermarkt Getränke für 32,50 € und Gebäck für 7,35 €.

Frage: Wie viel Geld muss er insgesamt bezahlen?

Rechnung:

Antwort:

Euro € und Cent (ct)

Johanna kauft ein Buch für 16,80 € und ein Poster für 9,95 €.

Frage: Wie viel Geld muss sie insgesamt bezahlen?

Rechnung:

Antwort:

KOHL VERLAG Textaufgaben an Stationen - 3./4. Schuljahr – Bestell-Nr. 12 866

Lösung

Euro € und Cent (ct)

Lukas kauft im Supermarkt Getränke für 32,50 € und Gebäck für 7,35 €.

Frage: Wie viel Geld muss er insgesamt bezahlen?

Rechnung: 32,50 € + 7,35 € = 39,85 €

Antwort: Lukas muss insgesamt 39,85 € bezahlen.

Lösung

Euro € und Cent (ct)

Johanna kauft ein Buch für 16,80 € und ein Poster für 9,95 €.

Frage: Wie viel Geld muss sie insgesamt bezahlen?

Rechnung: 16,80 € + 9,95 € = 26,75 €

Antwort: Johanna muss insgesamt 26,75 € bezahlen.

Euro € und Cent (ct)

Michael hat zum Geburtstag 120 € geschenkt bekommen.
Er kauft ein Skateboard für 53,30 €.

Frage: Wie viel Geld bleibt übrig?

Rechnung:

Antwort:

Euro € und Cent (ct)

Veronica möchte ein Fahrrad für 289,90 € kaufen.
Sie hat 164,45 € gespart.

Frage: Wie viel Geld muss sie noch sparen?

Rechnung:

Antwort:

KOHL VERLAG Textaufgaben an Stationen - 3./4. Schuljahr – Bestell-Nr. 12 866

Lösung

Euro € und Cent (ct)

Michael hat zum Geburtstag 120 € geschenkt bekommen.
Er kauft ein Skateboard für 53,30 €.

Frage: Wie viel Geld bleibt übrig?

Rechnung: 120 € - 53,30 € = 66,70 €

Antwort: Michael hat noch 66,70 € übrig.

Lösung

Euro € und Cent (ct)

Veronica möchte ein Fahrrad für 289,90 € kaufen.
Sie hat 164,45 € gespart.

Frage: Wie viel Geld muss sie noch sparen?

Rechnung: 289,90 € - 164,45 € = 125,45 €

Antwort: Veronica muss noch 125,45 € sparen.

Euro € und Cent (ct)

Josi kauft in der Bäckerei 8 Brötchen zu je 0,45 €.

Frage: Wie viel Geld muss sie bezahlen?

Rechnung:

Antwort:

Euro € und Cent (ct)

Opa Willi kauft beim Postamt 5 Briefmarken zu je 0,70 €.

Frage: Wie viel Geld muss er bezahlen?

Rechnung:

Antwort:

KOHL VERLAG Textaufgaben an Stationen - 3./4. Schuljahr – Bestell-Nr. 12 866

Lösung

Euro € und Cent (ct)

Josi kauft in der Bäckerei 8 Brötchen zu je 0,45 €.

Frage: Wie viel Geld muss sie bezahlen?

Rechnung: 8 • 0,45 € = 3,60 €

Antwort: Josi muss 3,60 € bezahlen.

Lösung

Euro € und Cent (ct)

Opa Willi kauft beim Postamt 5 Briefmarken zu je 0,70 €.

Frage: Wie viel Geld muss er bezahlen?

Rechnung: 5 • 0,70 € = 3,50 €

Antwort: Opa Willi muss 3,50 € bezahlen.

Euro € und Cent (ct)

Gerda hat im Schreibwarenladen für 8 Blöcke insgesamt 24 € bezahlt.

Frage: Wie viel kostet 1 Block?

Rechnung:

Antwort:

Euro € und Cent (ct)

Tante Claudia kauft 6 Grußkarten für insgesamt 18 €.

Frage: Wie viel kostet eine Grußkarte?

Rechnung:

Antwort:

KOHL VERLAG Textaufgaben an Stationen - 3./4. Schuljahr – Bestell-Nr. 12 866

Lösung

Euro € und Cent (ct)

Gerda hat im Schreibwarenladen für 8 Blöcke insgesamt 24 € bezahlt.

Frage: Wie viel kostet 1 Block?

Rechnung: 24 : 8 = 3 €

Antwort: Ein Block kostet 3 €.

Lösung

Euro € und Cent (ct)

Tante Claudia kauft 6 Grußkarten für insgesamt 18 €.

Frage: Wie viel kostet eine Grußkarte?

Rechnung: 18 : 6 = 3 €

Antwort: Eine Grußkarte kostet 3 €.

Euro € und Cent (ct)

Sommerfest

Waffeln	2,50 €
Eis	1,20 €
Würstchen	2,80 €
Salat	3,10 €
Wasser	1,50 €
Saft	1,80 €

Familie Lustig kauft 4 Stück Waffeln, 4 Flaschen Saft, 2 Flaschen Wasser und 3 Eis.

Frage: Wie viel muss Familie Lustig insgesamt bezahlen?

Rechnung:

Antwort:

Textaufgaben an Stationen - 3./4. Schuljahr – Bestell-Nr. 12 866
KOHL VERLAG

Sommerfest

Waffeln	2,50 €
Eis	1,20 €
Würstchen	2,80 €
Salat	3,10 €
Wasser	1,50 €
Saft	1,80 €

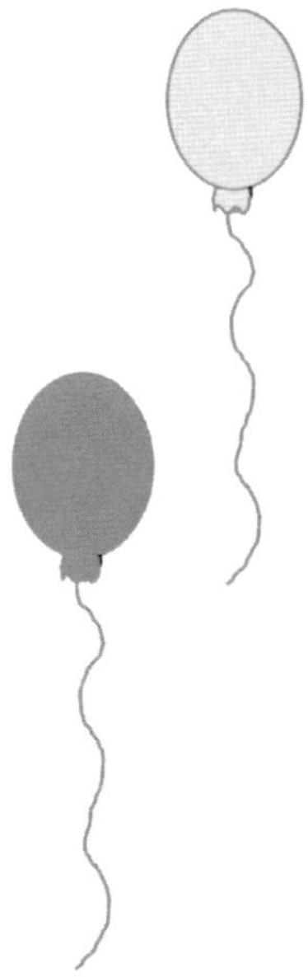

Familie Lustig kauft 4 Stück Waffeln, 4 Flaschen Saft, 2 Flaschen Wasser und 3 Eis.

Frage: Wie viel muss Familie Lustig insgesamt bezahlen?

Rechnung: 4 • 2,50 € = 10 € 4 • 1,80 € = 7,20 €

2 • 1,50 € = 3 € 4 • 1,20 € = 3,60 €

10 + 7,20 + 3 + 3,60 = 23,80 €

Antwort: Familie Lustig muss insgesamt 23,80 € bezahlen.

KOHL VERLAG Textaufgaben an Stationen - 3./4. Schuljahr – Bestell-Nr. 12 866

Zoo

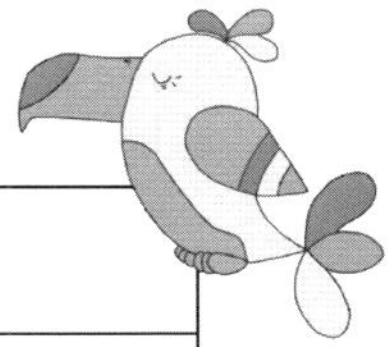

Eintritt	
Erwachsene	25 €
Kinder	12 €

Eine Schulklasse besucht den Zoo. Es sind 17 Mädchen und 15 Jungs. Sie werden von 3 Lehrern begleitet.

Frage: Wie viel kostet der Zoobesuch insgesamt für alle Personen?

Rechnung:

Antwort:

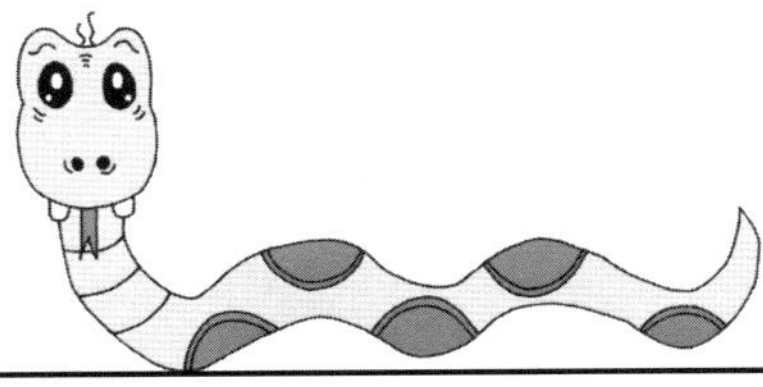

KOHL VERLAG Textaufgaben an Stationen - 3./4. Schuljahr – Bestell-Nr. 12 866

Lösung

Zoo

Eintritt	
Erwachsene	25 €
Kinder	12 €

Eine Schulklasse besucht den Zoo. Es sind 17 Mädchen und 15 Jungs. Sie werden von 3 Lehrern begleitet.

Frage: Wie viel kostet der Zoobesuch insgesamt für alle Personen?

Rechnung: 17 + 15 = 32 Kinder

32 • 12 = 384 €

3 • 25 = 75 €

384 + 75 = 459 €

Antwort: Der Zoobesuch kostet für alle Personen 459 €.

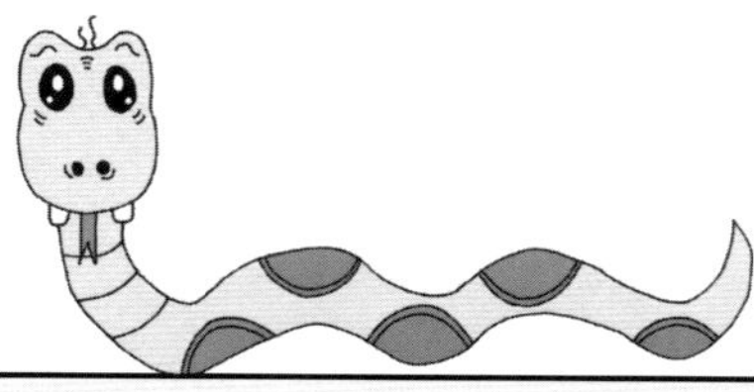

KOHL VERLAG Textaufgaben an Stationen - 3./4. Schuljahr – Bestell-Nr. 12 866

Euro € und Cent (ct)

Fridas Oma hat bei einem Gewinnspiel 1242,50 € gewonnen. Sie möchte eine Waschmaschine für 884,75 € kaufen.

Frage: Wie viel Geld bleibt übrig?

Rechnung:

Antwort:

Euro € und Cent (ct)

Familie Dreieich hat insgesamt 1300 € gespart. Sie kaufen einen neuen Fernseher. An der Kasse erhält die Familie 245,05 € zurück.

Frage: Wie viel kostet der Fernseher?

Rechnung:

Antwort:

KOHL VERLAG Textaufgaben an Stationen - 3./4. Schuljahr – Bestell-Nr. 12 866

Lösung

Euro € und Cent (ct)

Fridas Oma hat bei einem Gewinnspiel 1242,50 € gewonnen. Sie möchte eine Waschmaschine für 884,75 € kaufen.

Frage: Wie viel Geld bleibt übrig?

Rechnung: 1242,50 € - 884,75 € = 357,75 €

Antwort: Es bleiben 357,75 € übrig.

Lösung

Euro € und Cent (ct)

Familie Dreieich hat insgesamt 1300 € gespart. Sie kaufen einen neuen Fernseher. An der Kasse erhält die Familie 245,05 € zurück.

Frage: Wie viel kostet der Fernseher?

Rechnung: 1300 € - 245,05 € = 1054,95 €

Antwort: Der Fernseher kostet 1054,95 €.

KOHL VERLAG Textaufgaben an Stationen - 3./4. Schuljahr – Bestell-Nr. 12 866

Euro € und Cent (ct)

Eine Computerfirma hat am Vormittag 4329,60 € eingenommen und am Nachmittag 3864,50 €.

Frage: Wie viel Geld hat die Firma insgesamt eingenommen?

Rechnung:

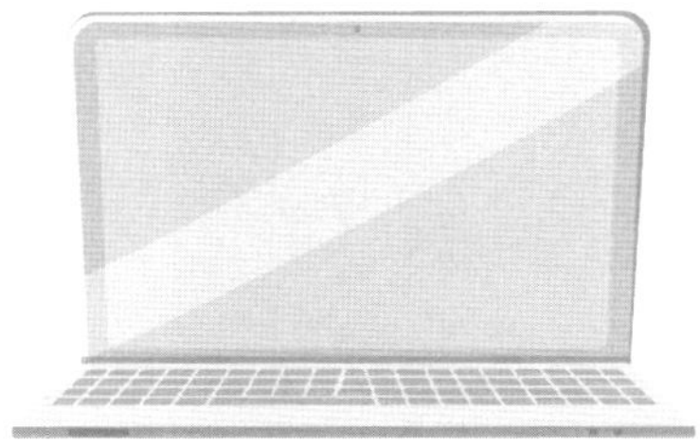

Antwort:

Euro € und Cent (ct)

Eine Gärtnerei liefert einer Firma Pflanzen für 1998,25 € und Blumentöpfe für 2890,30 €.

Frage: Wie viel muss die Firma insgesamt bezahlen?

Rechnung:

Antwort:

KOHL VERLAG Textaufgaben an Stationen - 3./4. Schuljahr – Bestell-Nr. 12 866

Lösung

Euro € und Cent (ct)

Eine Computerfirma hat am Vormittag 4329,60 € eingenommen und am Nachmittag 3864,50 €.

Frage: Wie viel Geld hat die Firma insgesamt eingenommen?

Rechnung: 4329,60 € + 3864,50 € = 8194,10 €

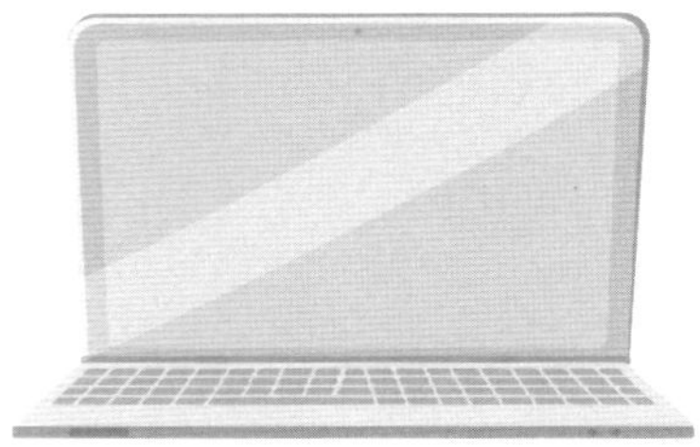

Antwort: Die Firma hat insgesamt 8194,10 € eingenommen.

Lösung

Euro € und Cent (ct)

Eine Gärtnerei liefert einer Firma Pflanzen für 1998,25 € und Blumentöpfe für 2890,30 €.

Frage: Wie viel muss die Firma insgesamt bezahlen?

Rechnung: 1998,25 € + 2890,30 € = 4888,55 €

Antwort: Die Firma muss insgesamt 4888,55 € bezahlen.

KOHL VERLAG Textaufgaben an Stationen - 3./4. Schuljahr – Bestell-Nr. 12 866

Meter (m) und Zentimeter (cm)

Eine kleine Giraffe hat eine Größe von 2,95 m.
Die große Giraffe ist doppelt so groß.

Frage: Wie groß ist die größere Giraffe?

Rechnung:

Antwort:

Meter (m) und Zentimeter (cm)

Ein Grundstück wird mit einem Holzzaun eingezäunt. Das Grundstück ist 25 m lang und 25 m breit. 3 m müssen frei bleiben für das Törchen.

Frage: Wie viele Meter Holzzaun werden benötigt?

Rechnung:

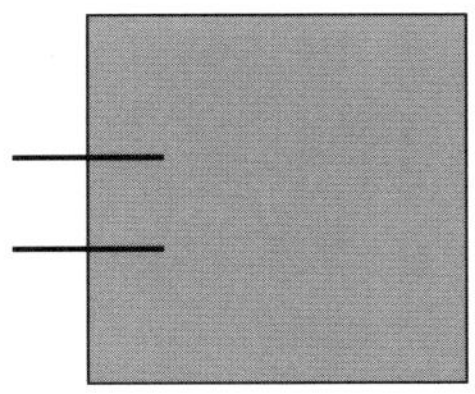

Antwort:

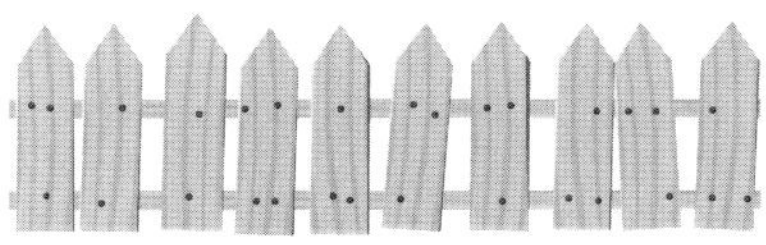

Textaufgaben an Stationen - 3./4. Schuljahr – Bestell-Nr. 12 866
KOHL VERLAG

Lösung

Meter (m) und Zentimeter (cm)

Eine kleine Giraffe hat eine Größe von 2,95 m.
Die große Giraffe ist doppelt so groß.

Frage: Wie groß ist die größere Giraffe?

Rechnung: $2,95 \cdot 2 = 5,90$ m

Antwort: Die große Giraffe ist 5,90 m groß.

Lösung

Meter (m) und Zentimeter (cm)

Ein Grundstück wird mit einem Holzzaun eingezäunt. Das Grundstück ist 25 m lang und 25 m breit. 3 m müssen frei bleiben für das Törchen.

Frage: Wie viele Meter Holzzaun werden benötigt?

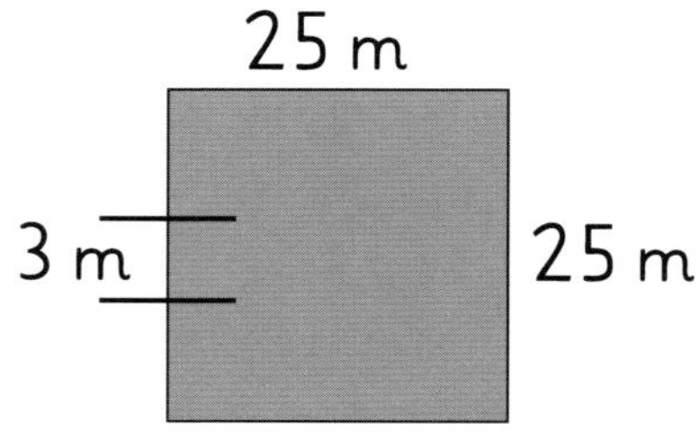

Rechnung: $4 \cdot 25$ m $= 100$ m
100 m $-$ 3 m $=$ 97 m

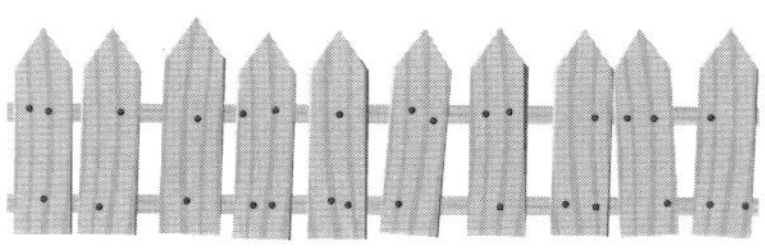

Antwort: Es werden 97 m Holzzaun benötigt.

KOHL VERLAG Textaufgaben an Stationen - 3./4. Schuljahr – Bestell-Nr. 12 866

Meter (m) und Zentimeter (cm)

Drei Schlan**gen** ma**chen** ei**ne** Pau**se** und lie**gen** in der Son**ne**. Die ers**te** Schlan**ge** ist 9 m lang und die drit**te** Schlan**ge** ist 3 m lang. Zu**sam**men ha**ben** al**le** drei Schlan**gen** ei**ne** Län**ge** von 18 m.

Fra**ge**: Wel**che** Län**ge** hat die zwei**te** Schlan**ge**?

Rech**nung**:

Ant**wort**:

Meter (m) und Zentimeter (cm)

Zwei Kro**ko**di**le** möch**ten** Zei**tung** le**sen**. Das längs**te** Kro**ko**dil darf die Zei**tung** zu**erst** le**sen**. Ein Kro**ko**dil ist 2,3 m lang. Das an**de**re Kro**ko**dil ist drei**mal** so lang.

Fra**ge**: Wie lang ist das an**de**re Kro**ko**dil?

Rech**nung**:

Ant**wort**:

KOHL VERLAG Textaufgaben an Stationen - 3./4. Schuljahr – Bestell-Nr. 12 866

Lösung

Meter (m) und Zentimeter (cm)

Drei Schlangen machen eine Pause und liegen in der Sonne. Die erste Schlange ist 9 m lang und die dritte Schlange ist 3 m lang. Zusammen haben alle drei Schlangen eine Länge von 18 m.

Frage: Welche Länge hat die zweite Schlange?

Rechnung: 9 m + 3 m = 12 m
18 m - 12 m = 6 m

Antwort: Die zweite Schlange ist 6 m lang.

Lösung

Meter (m) und Zentimeter (cm)

Zwei Krokodile möchten Zeitung lesen. Das längste Krokodil darf die Zeitung zuerst lesen. Ein Krokodil ist 2,3 m lang. Das andere Krokodil ist dreimal so lang.

Frage: Wie lang ist das andere Krokodil?

Rechnung: 2,3 m • 3 = 6,9 m

Antwort: Das andere Krokodil ist 6,9 m lang.

KOHL VERLAG Textaufgaben an Stationen - 3./4. Schuljahr - Bestell-Nr. 12 866

Meter (m) und Kilometer (km)

Familie Müller macht für drei Tage eine Radtour. Am ersten Tag möchte die Familie 36 km fahren, am zweiten Tag 28 km und am dritten Tag halb so viel wie am zweiten Tag.

Frage: Wie viele Kilometer hat die Familie in den drei Tagen insgesamt zurückgelegt?

Rechnung:

Antwort:

Meter (m) und Kilometer (km)

Familie Sonnenschein hat mit ihrem Wohnwagen insgesamt 48.835 km zurückgelegt. Der Wohnwagen ist zwei Jahre alt. Im ersten Jahr hat die Familie 22.490 km zurückgelegt.

Frage: Wie viele Kilometer hat die Familie im zweiten Jahr zurückgelegt?

Rechnung:

Antwort:

KOHL VERLAG Textaufgaben an Stationen - 3./4. Schuljahr – Bestell-Nr. 12 866

Lösung

Meter (m) und Kilometer (km)

Familie Müller macht für drei Tage eine Radtour. Am ersten Tag möchte die Familie 36 km fahren, am zweiten Tag 28 km und am dritten Tag halb so viel wie am zweiten Tag.

Frage: Wie viele Kilometer hat die Familie in den drei Tagen insgesamt zurückgelegt?

Rechnung: 36 km + 28 km + 14 km = 78 km.

Antwort: Die Familie hat insgesamt 78 km in den drei Tagen zurückgelegt.

Lösung

Meter (m) und Kilometer (km)

Familie Sonnenschein hat mit ihrem Wohnwagen insgesamt 48.835 km zurückgelegt. Der Wohnwagen ist zwei Jahre alt. Im ersten Jahr hat die Familie 22.490 km zurückgelegt.

Frage: Wie viele Kilometer hat die Familie im zweiten Jahr zurückgelegt?

Rechnung: 48.835 km - 22.490 km = 26.345 km

Antwort: Die Familie hat im zweiten Jahr 26.345 km zurückgelegt.

KOHL VERLAG Textaufgaben an Stationen - 3./4. Schuljahr - Bestell-Nr. 12 866

Kilogramm (kg) und Tonne (t)

Ein Lastwagen hat ein Gesamtgewicht von 10 t 450 kg.
Der Lastwagen hat 6 t 650 kg geladen.

Frage: Wie viel beträgt sein Leergewicht?

Rechnung:

Antwort:

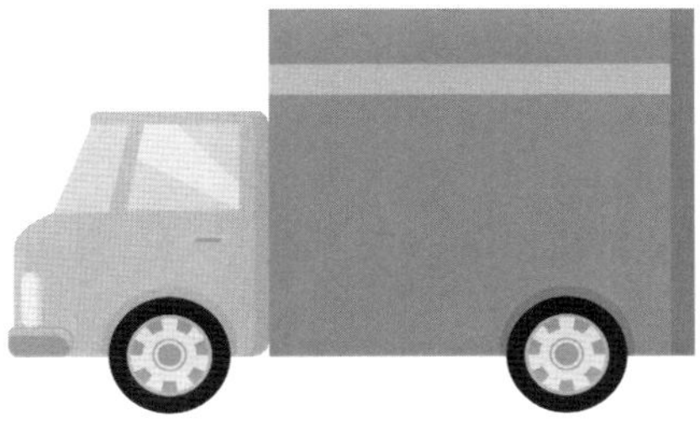

Kilogramm (kg) und Tonne (t)

Ein Lastwagen wiegt leer 4,5 t. Er hat 2 t 675 kg geladen.

Frage: Wie viel beträgt sein Gesamtgewicht?

Rechnung:

Antwort:

KOHL VERLAG Textaufgaben an Stationen - 3./4. Schuljahr – Bestell-Nr. 12 866

Lösung

Kilogramm (kg) und Tonne (t)

Ein Lastwagen hat ein Gesamtgewicht von 10 t 450 kg.
Der Lastwagen hat 6 t 650 kg geladen.

Frage: Wie viel beträgt sein Leergewicht?

Rechnung: 10,450 t – 6,650 t = 3,800 t

Antwort: Das Leergewicht beträgt 3,800 t.

Lösung

Kilogramm (kg) und Tonne (t)

Ein Lastwagen wiegt leer 4,5 t. Er hat 2 t 675 kg geladen.

Frage: Wie viel beträgt sein Gesamtgewicht?

Rechnung: 4,500 t + 2,675 t = 7,175 t

Antwort: Das Gesamtgewicht beträgt 7,175 t.

KOHL VERLAG Textaufgaben an Stationen - 3./4. Schuljahr – Bestell-Nr. 12 866

Kilogramm (kg) und Tonne (t)

Drei Tiere sollen transportiert werden. Ein Elefant mit einem Gewicht von 5 t 450 kg und ein Elefant, der halb so viel wiegt; sowie ein Pferd mit einem Gewicht von 760 kg.

Frage: Wie viel beträgt das Gesamtgewicht der Tiere?

Rechnung:

Antwort:

Kilogramm (kg) und Tonne (t)

Pascal holt beim Postamt 3 Pakete ab. Die Pakete wiegen 6,3 kg zusammen. Das erste Paket wiegt 3,3 kg und das zweite Paket wiegt 1,8 kg.

Frage: Wie viel wiegt das dritte Paket?

Rechnung:

Antwort:

Lösung

Kilogramm (kg) und Tonne (t)

Drei Tiere sollen transportiert werden. Ein Elefant mit einem Gewicht von 5 t 450 kg und ein Elefant, der halb so viel wiegt; sowie ein Pferd mit einem Gewicht von 760 kg.

Frage: Wie viel beträgt das Gesamtgewicht der Tiere?

Rechnung: 5,450 t : 2 = 2,725 t

5,450 t + 2,725 t = 8,175 t + 0,760 t = 8,935 t

Antwort: Das Gesamtgewicht der Tiere beträgt 8,935 t.

Lösung

Kilogramm (kg) und Tonne (t)

Pascal holt beim Postamt 3 Pakete ab. Die Pakete wiegen 6,3 kg zusammen. Das erste Paket wiegt 3,3 kg und das zweite Paket wiegt 1,8 kg.

Frage: Wie viel wiegt das dritte Paket?

Rechnung: 3,300 kg + 1,800 kg = 5,100 kg

6,300 kg - 5,100 kg = 1,200 kg

Antwort: Das dritte Paket wiegt 1,2 kg.

KOHL VERLAG Textaufgaben an Stationen - 3./4. Schuljahr – Bestell-Nr. 12 866

Liter (l) und Milliliter (ml)

Eine Fabrik hat 15.500 ml Flüssigseife hergestellt. Diese Flüssigkeit soll in Behälter abgefüllt werden. Ein Seifenbehälter kann mit 250 ml gefüllt werden.

Frage: Wie viele Seifenbehälter können gefüllt werden?

Rechnung:

Antwort:

Liter (l) und Milliliter (ml)

Herr Wiese hat Gäste zu Besuch. Er holt eine 1,5 l Saftflasche aus dem Kühlschrank. Die Gläser stehen schon bereit. Ein Glas kann mit 100 ml gefüllt werden.

Frage: Wie viele Gläser kann Herr Wiese mit Saft befüllen?

Rechnung:

Antwort:

KOHL VERLAG Textaufgaben an Stationen - 3./4. Schuljahr – Bestell-Nr. 12 866

Lösung

Liter (l) und Milliliter (ml)

Eine Fabrik hat 15.500 ml Flüssigseife hergestellt. Diese Flüssigkeit soll in Behälter abgefüllt werden. Ein Seifenbehälter kann mit 250 ml gefüllt werden.

Frage: Wie viele Seifenbehälter können gefüllt werden?

Rechnung: 15.500 ml : 250 ml = 62

Antwort: Es können 62 Seifenbehälter gefüllt werden.

Lösung

Liter (l) und Milliliter (ml)

Herr Wiese hat Gäste zu Besuch. Er holt eine 1,5 l Saftflasche aus dem Kühlschrank. Die Gläser stehen schon bereit. Ein Glas kann mit 100 ml gefüllt werden.

Frage: Wie viele Gläser kann Herr Wiese mit Saft befüllen?

Rechnung: 1500 ml : 100 ml = 15

Antwort: Herr Wiese kann 15 Gläser mit Saft befüllen.

Tippkarten

Tipp-Karte

Längen:

Meter (m) und
Zentimeter (cm)

1 m = 100 cm
2 m = 200 cm

Das Komma trennt Meter und Zentimeter.

1 m 60 cm = 1,60 m

Tipp-Karte

Längen:

Meter (m) und
Kilometer (km)

1 km = 1000 m
2 km = 2000 m

Tipp-Karte

Gewichte:

Kilogramm (kg)
und Gramm (g)

1 kg = 1000 g
2 kg = 2000 g

Das Komma trennt Kilogramm und Gramm.

1 kg 250 g = 1,250 kg

Tipp-Karte

Längen:

Kilogramm (kg)
und Tonne (t)

1 t = 1000 kg
2 t = 2000 kg

Das Komma trennt Tonne und Kilogramm.

1 t 400 kg = 1,400 t

Tippkarten

Tipp-Karte

Hohlmaße:

Liter (l) und Milliliter (ml)

1 l = 1000 ml
2 l = 2000 ml

Das Komma trennt Liter und Milliliter.

1 l 125 ml = 1,125 l

Tipp-Karte

Geldbeträge:

Euro (€) und Cent (ct)

1 € = 100 ct
2 € = 200 ct

Das Komma trennt Euro und Cent.

1 € 75 ct = 1,75 €

Tipp-Karte

Hohlmaße:

Liter (l) und Milliliter (ml)

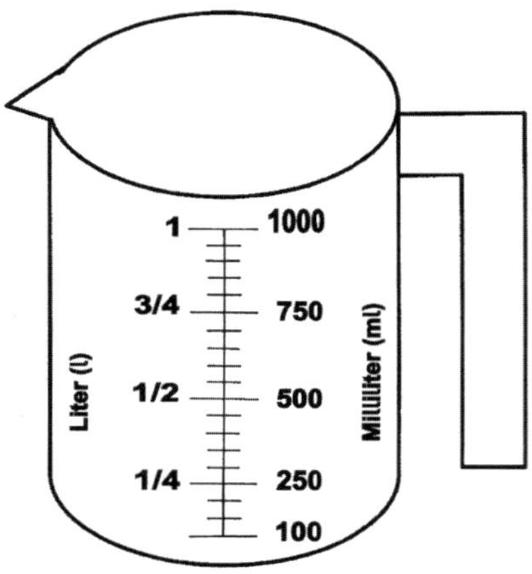

Tipp-Karte

Zeit:

Stunden (h) und Minuten (min)

1 h = 60 min
2 h = 120 min

Stationen-Laufzettel

Name: ____________________ Datum: ____________________

Klasse: ____________________

Station	Stationsname	erledigt ✓	kontrolliert ✓

Textaufgaben an Stationen - 3./4. Schuljahr – Bestell-Nr. 12 866

KOHL VERLAG

Moritz Quast & Tim Schrödel

Das 1x1-Mathe-Labyrinth

Spannendes Knobeln für Schlaumeier!

80 Labyrinthe zum kleinen und großen Einmaleins jeweils in DIN-A5-Größe, die durch Geschicklichkeit und Konzentration gelöst werden können. So wird das große und das kleine Einmaleins spielerisch verinnerlicht und gefestigt. Bei richtiger Lösung ergibt sich aus dem Weg durchs Labyrinth ein Lösungswort.

64 S.	11 325	ab 14,49 €

FÖ PDF plus — 3 4

Michael Junga

Effektives 1x1-Training

... mit Rechenmandalas

Die mathematische Denk- & Kombinationsmöglichkeit sowie allgemeines Konzentrationsvermögen werden gefördert. Die Ergebnisse werden aufgeschrieben und mittels grafischem Kontrollsystem auf Fehler überprüft. Dies bietet universelle Einsatzmöglichkeiten als interessante Hausaufgabe. Zeitausgleich für schnellere Kinder beim Stationenlernen oder für den Wochenplan.

40 S.	11 395	ab 12,49 €

FÖ — 2 3 4

Bildungsstandards

Sabine Hauke

Wochenplan Fit für Klasse Fünf!

Viertklässler sollten regelmäßig üben können, damit sie den Übergang zur weiterführenden Schule leichter meistern können. Hierfür eigenen sich besonders die Wochenpläne. Jede Woche ist in 5 Einheiten (Mo-Fr) untergliedert. Jede Einheit wiederholt und schult mathematische Grundlagen, die am Ende der Grundschulzeit beherrscht werden sollten. Die Kopiervorlagen enthalten Übungen zu den Grundrechenarten und zum Zahlenraumverständnis.

84 S.	12 481	ab 17,49 €

4

Armin Weinfurter

Fit für Klasse Fünf! MATHEMATIK

Trainer für den Übertritt in die weiterführende Schule

Der Übertrittstrainer eignet sich sehr gut, den behandelten Lernstoff zu wiederholen und zu festigen. Hierzu zählt z.B. lesen, schreiben, vergleichen, runden und ordnen von großen Zahlen, Kopfrechnen, schriftliche Rechenverfahren, Sachaufgaben, Geometrie u.v.m..

76 Seiten	10 993	ab 16,49 €

FÖ PDF plus — 4

Birgit Brandenburg

Bildungsstandard Mathe

Was 10-Jährige wissen & können sollten!

***32 Tests** zu allen wichtigen Themen. Die Aufgaben können weitgehend **selbstständig bearbeitet werden**. Anhand der Ergebnisse lässt sich gezielt feststellen, in welchen Bereichen der betreffende Schüler noch Defizite vorweist, um ihn dort anschließend gezielt fördern zu können.*

48 Seiten	10 757	ab 11,99 €

PDF plus — 4

Andrea Schinhärl

Lernzielkontrollen Mathe

Die Kopiervorlagen sind ideal geeignet zur Vorbereitung, Wiederholung und Vertiefung oder zum intensiven Üben. Es lassen sich auch leicht individuell zusammengestellte Arbeitsblätter gestalten. Mit grundlegenden mathematischen Infos und Lösungen zur Selbstkontrolle.

Klasse 3	11 468	je 72 Seiten
Klasse 4	11 475	ab 15,99 €

3 4

Stationenlerner

Hans-J. Schmidt

Stationenlernen Mathematik

Verschiedene Stationen ermöglichen jed Schüler ein eigenes individuelles Lerntem Die Schüler wählen selbst, wie intensiv sie s in eine Station einarbeiten. Das Material hält jede Station Anleitungen und Aufgaben ber die ohne großen Aufwand umgesetzt werd Sie profitieren durch eine hohe Zeiterspar und Ihre Schüler durch erfolgreiches Lern mit Spaß!

Klasse 2	11 878	
Klasse 3	11 397	je 80 Seiten
Klasse 4	11 398	ab 14,99 €

Christiane Zettl

Grundrechenarten an Stationen

Differenzierte Aufgabenkarten zur schnellen Vorbereitung

Stationenlernen ist effektiv und motivierend. Die vier Grunc rechenarten können so noch einmal in einer anderen Da reichungsform bearbeitet und wiederholt werden. Ständig Wiederholung im individuellen Lerntempo und -niveau fest gen das Gelernte und verankern das Wissen langfristig. Ei wichtiger Grundstein für die weiterführenden Schulen.

48 Seiten	12 680	ab 13,49 €

3 4

Petra Hartmann

Maßeinheiten an Stationen

Differenzierte Aufgabenkarten zur schnellen Vorbereitung

Stationenlernen ist effektiv und motivierend. Anhand diese abwechslungsreichen Stationskarten können der richtig Umgang und Einsatz der Maßeinheiten geübt und vertie werden. Ständige Wiederholung im individuellen Lerntemp und -niveau festigen das Gelernte und verankern das Wisse langfristig. Ein wichtiger Grundstein für die weiterführende Schulen.

48 Seiten	12 681	ab 13,49 €

3 4

Petra Hartmann

Textaufgaben an Stationen

Differenzierte Aufgabenkarten zur schnellen Vorbereitung

Differenziert kann sich jeder Schüler von seinem Nivea ausgehend durch immer schwerere Aufgaben arbeiten, ohn Frust. Wenn es doch mal zu schwer aussieht, dann holt ma sich eben erst nochmal eine leichtere Karte. Dort gibt es dan mehr oder weniger Hilfe für den Ansatz, der ja für manche da Hauptproblem darstellt. Es gibt Sicherheit, wenn die gesamt Aufgabe übersichtlich auf der Karte zu sehen ist. Der Erfo motiviert zum Weiterlernen!

48 Seiten	12 866	ab 13,49 €

3 4

Hans-J. Schmidt

Stationenlernen Geometrie

Differenzierte Aufgabenkarten zur schnellen Vorbereitung

Stationenlernen ist effektiv und motivierend. Das Themenge biet Geometrie der Klassen 3 und 4 wird durch die Aufgaber karten im DIN-A5-Format mit entsprechenden Lösungskarte bearbeitet und vertieft. Je nach Leistungsvermögen könne von den Schülerinnen und Schülern neben den Grundstat onen auch Expertenstationen bearbeitet werden. Zahlreich Tippkarten geben adäquate Hilfestellung.

80 Seiten	11 557	ab 14,99 €

3 4